LE MONDE RENVERSE'.

Piéce d'un Acte.

Par Mrs. le S**. & D'Or**.

Sur le Plan de M. de la F*.

Représenté à la Foire de Saint Laurent 1718.

ACTEURS.

ARLEQUIN,
PIERROT.
Un PHILOSOPHE.
M. de la CANDEUR, Procureur.
M. le CHEVALIER de Catonville, Petit-Maître.
M. PRUDHOMME, Notaire.
HYPOCRATINE, Medecin.
MERLIN, Prophéte, Souverain du Monde renversé.
ARGENTINE. ⎫ Niéces de Mer-
DIAMANTINE. ⎭ lin.
ZULIMA. ⎫ Rivaux d'Arlequin &
HANIF. ⎭ de Pierrot.
L'INNOCENCE.
La BONNE FOY.
TROUPE d'Habitans du Monde Renversé.

La Scene est dans le Royaume de Merlin.

LE MONDE RENVERSÉ.

LE Theâtre represente une Plaine remplie de Tentes. On y voit des grotesques, des arbres & des animaux extraordinaires.

SCENE PREMIERE.
ARLEQUIN, PIERROT.

On les voit tous deux en l'air montez sur un Griffon, qui traverse deux ou trois fois le Theâtre, & qui tantôt s'éleve, & tantôt descend

ARLEQUIN, à Pierrot.

AIR 7. (*Tu croyois, en aimant Colette*)
Tien toy bien.

PIERROT.

Tien-toy bien toy-même.

ARLEQUIN.

Notre cheval vient de broncher.
Il va d'une vîtesse extrême :
Nous allons tous deux trébucher,

PIERROT.

J'ay quelque fois couru la poste aux ânes ; mais voici le premier Oiseau que j'ai monté.

ARLEQUIN.

Bon, un Oiseau. C'est un Poisson volant... Mais où diable ce maudit animal nous méne-t-il ?

Le Griffon s'abaisse. Arlequin & Pierrot descendent.

PIERROT.

Ah ! nous voici à terre !

ARLEQUIN.

Il me semble que nous avons bien fait du chemin dans les airs.

PIERROT.

Oui ma foy. Il faut que nous aïons passé pardessus la Méditerrannée, la riviére de Seine, la Mer noire, & la riviere des Gobelins.

ARLEQUIN.

Il est vray. Je crois avoir vu sous mes pieds Constantinople, Chaillot, la Chine & Passy. Mais je voudrois bien savoir où nous sommes.

PIERROT.

Et moy, tout de même. Je crains qu'on

ne nous ait transportez dans un mauvais païs.

ARLEQUIN, *regardant de tous côtez.*

Je n'en ay pas bon augure non plus.

AIR 35. (*Tes beaux yeux, ma Nicole*)
    Morbleu ! qu'allons nous faire
    Mon cher Pierrot, ici ?
    Cela me desespere.

PIERROT.

Cela m'afflige aussi.
Dans ce climat sauvage,
Sans credit, sans argent,
Nous resterons pour gage,
Si l'appetit nous prend.

ARLEQUIN.

S'il nous prend ! Il nous a déjà tout pris. Est-ce-que tu n'a pas faim ?

PIERROT.

Pardonnez-moy, vraïment. & encore plus soif.

ARLEQUIN.

Ah ! que je mangerois bien à present un bon saucisson de Boulogne ; je le croquerois jusqu'aux arrêtes.

PIERROT.

Et moy, je boirois bien une pinte de vin mesure de S. Denis.

Il descend aussitôt du Ceintre sur la tête d'Arlequin un gros saucisson, & une bouteille sur celle de Pierrot.

AIR 48. (*Belle brune, belle brune*)

O merveille !
O merveille !
Un invisible Echanson
Me fournit une bouteille.
O merveille !
O merveille !

ARLEQUIN.

(*même Air.*)

O merveille !
O merveille !
J'aperçois un saucisson
D'une grosseur sans pareille.
O merveille !
O merveille !

PIERROT.

Assûrément, il y a de l'enchantement à cela.

RENVERSÉ.

Ils se jettent sur le saucisson & la bouteille, & s'asseyent à terre.

ARLEQUIN.

En verité, mon ami, le païs est meilleur que nous ne pensions. Il ne nous manque plus qu'une table à present.

Il sort dans le moment une table à deux couverts de dessous le theatre.

PIERROT, *étonné.*

Une table & des couverts !

ARLEQUIN.

Comment diable ! On n'a qu'à souhaiter ici. Ah ! je commence à deviner dans quel païs nous sommes. Nous avons été tous deux Valets de Merlin.

AIR 10. (*Mon pere, je viens devant vous*)

   Après l'avoir servi deux ans,
   Souvien-toi que ce grand Prophete
   Nous promit que dans certain tems
   Notre fortune seroit faite
   Dans un païs rempli de biens.

PIERROT.

Oui, par ma foi, je m'en souviens.

LE MONDE

(même Air.)

...ême, il nous dit que ce séjour
F... ...xtraordinaire :
Q... nous n'aurions le long du jour
Qu'à manger, & qu'à ne rien faire :
Que nous pouvions tout demander ;
Qu'il nous feroit tout accorder.

C'est un homme de parole.

ARLEQUIN.

Vivat le Prophete Merlin.

PIERROT.

A I R 3. (*Bannissons d'ici l'humeur noire*)

Puisqu'on a tout ce qu'on demande,
Il me faut un dindon tout cuit.

(*il descend un dindon.*)

ARLEQUIN.

Moi, je voudrois, au lieu de viande,
Des macarons & du biscuit.

Il descend une corbeille pleine de macarons & de biscuit.

PIERROT.

A I R 1. (*Réveillez-vous, belle Endormie*)

Je mangerois bien du laitage,

RENVERSE'.

Pour me rafraîchir les poulmons.

(*il descend un plat de crême.*)

ARLEQUIN.

Moi, je demande du fromage,
Avec quelques petits ratons.

(*il descend du fromage & des ratons.*)

Ils se mettent tous deux à manger goulûment & comiquement.

ARLEQUIN, *après avoir mangé tout son soul.*

A present que nous sommes bien *guedez*, que demanderons-nous ?

PIERROT.

A I R 23. (*Qu'on apporte bouteille*)

Je souhaite une fille
De dix-huit à vingt ans :
Qu'elle soit druë & bien gentille ;
Qu'elle ait surtout des yeux friands.

ARLEQUIN.

(*même Air.*)

Et moi, j'en demande une
Dont je sois seul chéri ;
Qui puisse faire ma fortune,
Si je veux être son mari.

LE MONDE

(il paroît deux jeunes filles.)

PIERROT.

Ventrebille ! Les voici toutes deux !

ARLEQUIN.

Rien n'est plus plaisant.

AIR 15. *(Je ne suis né ni Roi , ni Prince)*

   Quoi donc, on peut se mettre à table,
Manger & boire comme un diable;
Pour l'écot ne débourser rien ?
Après cela, d'une Donzelle
Si vous souhaitez l'entretien ,
Vous voyez paroître la Belle.

Mais, mais, il n'y a point d'endroit au monde qui vaille celui-ci.

SCENE II.

ARLEQUIN, PIERROT, ARGENTINE, DIAMANTINE.

Arlequin & Pierrot vont audevant d'elles, & les gracieusent par des réverences, sur lesquelles les deux filles rencherissent.

RENVERSÉ.

ARLEQUIN, *à Argentine.*

AIR 8. (*Je reviendrai demain au soir.*)

Bonjour, belle Nymphe aux yeux doux.

ARGENTINE, *d'un air soumis.*

Que voulez-vous de nous ? *bis.*

PIERROT, *à Diamantine.*

On voudroit bien vous cajoler.

DIAMANTINE, *faisant la révérence.*

Vous n'avez qu'à parler. *bis.*

ARLEQUIN.

Bonne pâte de filles, ma foi !

(*à Argentine.*)

Hé, comment vous appellez-vous, ma Mignonne ?

ARGENTINE, *faisant la révérence.*

Je m'appelle Argentine.

ARLEQUIN.

Ah ! le joli nom ! J'en adore les deux premieres syllabes.

PIERROT, *à Diamantine.*

Et vous ?

LE MONDE

DIAMANTINE, *faisant la réverence.*

Diamantine.

PIERROT.

Voilà deux riches noms!

ARLEQUIN, *à Argentine.*

AIR 30. (*Lanturlu*)

Vous avez, ma Reine,
Un air enchanté,
De la Grecque Hélene
Toute la beauté.
A vos yeux d'ébene
Déjà mon cœur s'est rendu.
Lanturlu, lanturlu, lanturelu.

ARGENTINE.

AIR 27. (*Et zon, zon, zon*)

Je sens aussi pour vous
Une tendresse d'ame;
Je vous prends pour époux.

ARLEQUIN.

Oh! doucement, Madame!
Et zon, zon, zon,
Lisette, la Lisette,
Et zon, zon, zon,
Lisette, la Lison.

RENVERSÉ.

Tudieu ! Vous ne donnez pas le tems aux gens de se reconnoître.

ARGENTINE.

AIR 167. (*L'Amour est le protecteur*)

Oubliez-vous donc, Seigneur,
Ce que vous venez de dire ?
Déjà votre tendre cœur
Reconnoissoit mon Empire.

ARLEQUIN.

Pour le badinage,
Bon ;
Pour le mariage,
Non.

ARGENTINE.

Ouidà ? Oh ! cela ne me convient point.

PIERROT, à *Diamantine*.

Et vous, la Belle, vous ne me dites rien.
Me prenez-vous pour un Mal-peigné ?

DIAMANTINE.

AIR 25. (*Allons, gay*)

Non, non, Diamantine
Ne vous trouve pas laid.

LE MONDE

PIERROT, *riant*.

Vous voyez à ma mine
Que je suis fort bien fait.
Allons, gay,
D'un air gay, &c.

DIAMANTINE.

Je me sens du goût pour vous; & je me détermine à vous épouser : mais craignez d'être infidelle.

ARLEQUIN.

Pourquoi donc ?

ARGENTINE.

C'est qu'on enferme ici les Maris volages.

PIERROT.

Diable ! Il y a donc bien des prisonniers.

DIAMANTINE.

C'est ce qui vous trompe. Les hommes de ce païs se piquent tous d'une inviolable fidelité.

ARLEQUIN.

Et les femmes ?

ARGENTINE.

Tout de même.

RENVERSE'.

ARLEQUIN.
Ce païs-ci est donc le Monde renversé?

DIAMANTINE.
Vous l'avez dit.

ARLEQUIN.
C'est ici qu'il faut se marier.

AIR 22. (*Le fameux Diogéne*)

Prenez-nous donc, les Belles,
Nous vous serons fidelles
Jusqu'à votre trépas :
Mais, de peur de surprise,
Parlez avec franchise,
Avez-vous des ducats?

ARGENTINE, *soupirant*.
Hélas !

DIAMANTINE, *soupirant*.
Ahi !

ARLEQUIN, *à Pierrot*.
Hoïmé ! Voilà deux mariages rompus.

PIERROT.
Pourquoi ? Puisqu'on a ici tout ce qu'on souhaite, l'argent ne sauroit manquer.

ARGENTINE.

Vous êtes dans l'erreur. Si le Prophete Merlin, en vous faisant ici transporter a rempli vos premiers souhaits, c'est par une faveur particuliere.

ARLEQUIN.

Sur ce pied-là, il nous faut des femmes bien rentées.

DIAMANTINE.

Nous ne sommes que trop riches, & c'est ce qui fait dans ce moment toute notre inquiétude.

PIERROT.

D'où vient ?

ARGENTINE.

Nos loix, pour répartir également les richesses, défendent aux riches de s'allier ensemble.

ARLEQUIN.

Oh, ho !

DIAMANTINE.

Air 13. (*Joconde.*)

Si vous possedez quelques biens,
Pour nous quelle tristesse !
Il faudra rompre nos liens.

ARGENTINE.

RENVERSÉ.

ARGENTINE.
Vaincre notre tendresse.

ARLEQUIN.
Puisque vous cherchez des Epoux
Indigens, misérables,
Mesdames, vous trouvez en nous
Deux partis admirables.

Je n'ai pas le sou.

PIERROT.
Je suis la gueuserie en chausses & en pourpoint.

ARGENTINE.
Quel bonheur !

DIAMANTINE.
Quelle joye !

ARLEQUIN.
Nous sommes enfin deux Archi-gueux.

ARGENTINE.
AIR 5. (*Quand le peril est agréable*)
Ah ! quel plaisir de vous entendre !
Vous nous charmez.

ARLEQUIN.
Qui l'auroit crû !

C'est donc au mérite tout nû
Que vous vous laissez prendre.

DIAMANTINE.

Il y a encore une petite difficulté, Messieurs. Vous avez deux redoutables Rivaux à combattre.

ARLEQUIN, *mettant les mains sur ses côtez.*

Deux Rivaux !

(*en déclamant.*)

… J'en combattrois cent mille.
Paroissez Navarrois, Mores & Castillans …

ARGENTINE.

Vous avez du cœur ; j'en suis ravie. Sans adieu. Nous allons tout disposer pour ces deux mariages.

DIAMANTINE.

Soyez-nous fidelles ; nous saurons vous retrouver.

ARLEQUIN, à *Argentine.*

AIR I. (*Réveillez-vous, belle Endormie*)

Je serai constant comme un diable.

DIAMANTINE, à *Pierrot.*

Soyez-le aussi, vous, mon Poulet.

RENVERSÉ. 219
PIERROT.

En m'époufant, mon adorable,
Vous époufcrez un barbet.

(*Elles s'en vont.*)

SCENE III.
ARLEQUIN, PIERROT.
ARLEQUIN.

Pierrot mon ami, notre fortune eft faite. Voilà deux tréfors que nous allons poffeder.

PIERROT.

Hé, jarnonbille! Nous ne les tenons pas encore! Diamantine dit comme ça que nous avons deux Rivaux qui ne fe mouchent pas du pied.

ARLEQUIN.

J'en vois les conféquences : Mais tu n'as qu'à faire comme moy. Tien. Quand mon Rival viendra, il me regardera de cette façon-là (il fait fes *lazzis*) Je le regarderai de celle-ci... Parlez, me dira-t-il, n'eft-ce pas vous, l'ami, qui venez ici m'écornifler Argentine ? Ouidà,

220 LE MONDE

Monsieur. Qu'en voulez-vous dire ?....
Allez y vous-même. Alors s'il met l'épée
à la main...

PIERROT.

Tu la mettras aussi ?

ARLEQUIN.

Ma foi, non. Je lui parlerai naturellement. Je lui dirai : Monsieur vous n'avez qu'à parler, Argentine est à vous.
Je suis votre serviteur de tout mon cœur.

PIERROT, *riant*.

Ah, mardi ! Vla un homme bien résolu.
Mais quel personnage paroît.

Arlequin prend l'épouvante en voyant le Philosophe qu'il s'imagine être son Rival ; mais il se rassure en l'entendant chanter.

SCENE IV.

ARLEQUIN, PIERROT, un PHILOSOPHE *en Cavalier galant*.

Le PHILOSOPHE.

(*Il entre en chantant & en dansant.*)

AIR 79. (*Le joli, belle Meûniere*)

Le vrai bonheur de la vie

RENVERSE'.

Dans la gaîté gît ;
Et fi la Philofophie
Ne chante, & ne rit,
C'eft une grave folie,
Qui trompe l'efprit.

PIERROT, *bas, à Arlequin.*

Voici apparemment un fou du Monde Renverfé.

ARLEQUIN, *au Philofophe.*

Courage, Grivois. Allons, gay.

Le PHILOSOPHE.

AIR 168. (*Qu'on a de peine quand on n'a pas*)

Avec fageffe } bis.
Paffons nos jours :
Buvons fans ceffe, } bis.
Aimons toujours.

PIERROT, *bas, à Arlequin.*

C'eft quelque Boufon de la Cour.

ARLEQUIN.

AIR 73. (*Dedans nos Bois il y a un Hermite*)

Charmant Boufon (car vous l'êtes, je gage,
Du Prince de ces lieux)...

K iij

Le PHILOSOPHE.

Fi donc, Boufon ! Ce n'est qu'un personnage
Triste & fastidieux.
Connoissez mieux les gens de mon étoffe :
Je suis Philosophe,
Moy,
Je suis Philosophe.

ARLEQUIN.

Il n'est pas possible !

PIERROT.

Qui diantre l'auroit deviné !

Le PHILOSOPHE.

On voit bien que vous êtes des Etrangers, puisque, malgré mon air gay, vous pouvez ignorer qui je suis.

AIR 8. (*Je reviendray demain au soir*)

Nos Philosophes sont des gens
bis. Comiques & brillans.

ARLEQUIN.

Ils ne sont pas ainsi chez nous ;
bis. Ce sont de vrais hiboux.

Le PHILOSOPHE.

Vous êtes François, aparemment ?

PIERROT.

Vous l'avez dit.

Le PHILOSOPHE.

Je m'en aperçois. J'ai appris que les Philosophes de votre païs étoient des Originaux, qui passoient toute leur vie à disputer.

ARLEQUIN.

On ne vous a pas menti. Et quand ils disputent, on diroit qu'ils vont se manger le blanc des yeux.

Le PHILOSOPHE.

Les extravagans !

AIR 28. (*Pour faire honneur à la noce*)

Il n'est ici qu'un systême,
Et nous ne disputons jamais.
Vos Savans vivroient tous en paix,
S'ils vouloient bien faire de même.
Il n'est ici qu'un systême,
Et nous ne disputons jamais.

ARLEQUIN.

Il a, parbleu, raison.

Le PHILOSOPHE.

La Philosophie nous apprend à mettre tout à profit. Nous exerçons en même tems toutes les professions qui contribuent à rendre la vie agréable.

PIERROT.

Je veux être Philosophe ici ; ce sont de bons vivans.

Le PHILOSOPHE.

Nous sommes Danseurs, Poëtes & Musiciens.

ARLEQUIN.

Les nôtres ne peuvent souffrir la Poësie, ni la Musique.

Le PHILOSOPHE.

Les pécores ! Nous, comme des Homéres, nous débitons nos maximes, en chantant.

PIERROT.

Cela est admirable.

Le PHILOSOPHE.

En voulez-vous voir un échantillon ?

ARLEQUIN.

Vous nous ferez plaisir.

Le PHILOSOPHE, *chantant d'abord le simple*
(de l'Air suivant.

A I R 209. (*De Monsieur Gillier.*)

* Heureux qui soir & matin
Peut jouer de la prunelle
Auprès d'une Catin
Tendre, aimable & fidelle.

ARLEQUIN, *branlant la tête.*

Cela est un peu plat.

Le PHILOSOPHE.

C'est que vous êtes accoutumé aux compositions modernes de votre païs. Je vais vous le chanter d'une maniére qui vous fera plaisir.

PIERROT.

Voyons.

Le PHILOSOPHE, *chantant le double.*

Heureux qui soir & matin
Peut jouer de la prunelle
Auprès d'une Ca, Ca, Ca, Catin
Tendre, aimable & fidelle.

* Cet Air a été composé pour tourner en ridicule ceux de quelques Musiciens.

LE MONDE

ARLEQUIN, *satisfait*.

(*il chante*)

Auprès d'une Ca, Ca, Ca, Catin...

Ah ! Voilà ce que j'aime.

Le PHILOSOPHE, *chantant la suite du simple.*

Mais, n'en déplaise à la Donzelle,
C'est jouir d'un plus doux destin,
Quand on peut encor avec elle
Avoir d'excellent vin.

ARLEQUIN, *bâillant d'ennui.*

Cela ne vaut rien.

PIERROT.

Non, ça est tout d'une venuë.

Le PHILOSOPHE, *chantant la suite du dou-*
(*ble.*

Mais, n'en déplaise à la Don, Don, Donzelle...

ARLEQUIN, *charmé.*

C'est là ce que je demande.

Le PHILOSOPHE, *continuant.*

C'est jouir d'un plus dou, dou, doux destin,...

RENVERSÉ.

ARLEQUIN, *chantant la fin de ce vers.*

D'un plus dou, dou, dou...

Ah ! que cela est joli !

Le PHILOSOPHE, *continuant.*

Quand on, on, on peut en, en, encor avec elle
Avoir d'excellent vin.

ARLEQUIN, *transporté.*

Je me pâme ! Je meurs de plaisir !

Le PHILOSOPHE.

Que dites-vous de ce : *on, on, on, en, en, en* ?

ARLEQUIN.

C'est l'endroit touchant.

Le PHILOSOPHE.

On dit que c'est Ovide Nason qui est l'inventeur de ces sortes de Doubles-là.

PIERROT.

Diable ! C'est un habile homme !

ARLEQUIN.

A ce que je vois, Monsieur le Philosophe, tout est extraordinaire ici. Je vais parier que les Marchands y sont scrupuleux, les Juges incorruptibles, & les Petit-colets ennemis de la bagatelle.

Le PHILOSOPHE.

Sans doute.

PIERROT.

Air 5. (*Quand le peril est agréable*)

Mais, dites nous, chez les Notaires
L'argent est il en sûreté ?

Le PHILOSOPHE.

Ils sont tous gens de probité,
Comme les Commissaires.

Mais, Messieurs les Etrangers, dites-moi à votre tour qui vous êtes ?

PIERROT.

Nous sommes Comédiens à votre service.

Le PHILOSOPHE, *les embrassant.*

Ah ! Soyez les bien venus, mes amis. On a dans ce païs une consideration particuliere pour les personnes de Theâtre.

ARLEQUIN.

Avez-vous ici de bons Comédiens ?

Le PHILOSOPHE.

D'excellens. Ils donnent souvent des

nouveautez & toutes leurs nouveautez réussissent.

PIERROT.

Vivent-ils bien ensemble ?

Le PHILOSOPHE.

On ne peut pas mieux.

ARLEQUIN.

De quelle maniere en usent-ils avec les Auteurs ?

Le PHILOSOPHE.

Ils les regardent comme leurs Maîtres.

PIERROT.

Jarnicoton ! Sont-ce là des Comediens !

ARLEQUIN,

AIR 15. (*Je ne suis né ni Roy, ni Prince*)

Et les Seigneurs dans les coulisses
Vont-ils marchander les Actrices ?
Savent ils attaquer un cœur
Par des fleurettes liberales ?

Le PHILOSOPHE.

Non. Ils ont tous de la pudeur ;
Les Actrices sont des Vestales.

ARLEQUIN.

Des Veſtales ! Oh, ma foi, il n'y a plus rien à demander après cela.

Le PHILOSOPHE.

Juſqu'au revoir, mes enfans. Je vais à des noces où l'on m'attend pour être l'Ordonnateur des plaiſirs.

SCENE V.

ARLEQUIN, PIERROT.

PIERROT.

Les plaiſans Philoſophes qu'il y a ici !

ARLEQUIN.

Ils tiennent un peu des Mouſquetaires de chez nous.

SCENE VI.

ARLEQUIN, PIERROT, l'INNOCENCE, la BONNE-FOY.

ARLEQUIN.

Quelles Nymphes s'offrent à nos yeux ?

RENVERSÉ.

PIERROT.

Elles paroissent bonnes personnes.

ARLEQUIN, *les saluant cavalierement.*

Air 33. (*La verte Jeunesse*)

Bonjour, mes Princesses.

L'INNOCENCE.

Il est familier.

La BONNE-FOY.

Avec des Déesses,
L'air est cavalier.

ARLEQUIN, *voulant prendre la main de l'In-*
(*nocence.*

Faisons connoissance.

L'INNOCENCE, *le repoussant.*

Insolent, tai-toy.
Tu vois l'Innocence,
Et la Bonne foy.

ARLEQUIN.

Je vous demande pardon, Mesdames.
Je ne vous connoissois point.

PIERROT.

Ma foi, ni moi non plus.

LE MONDE

La BONNE-FOY.

AIR 15. (*Je ne suis né ni Roi, ni Prince*)

Quoi, nous vous sommes inconnuës !

ARLEQUIN.

Nous ne vous avons jamais vuës.

PIERROT.

Si vous voulez, j'en jureray.

ARLEQUIN.

C'est un fait que je certifie :
Nous avons toujours demeuré
En France, ou bien en Italie.

PIERROT.

Il faut que vous n'ayez jamais été dans ces païs-là.

L'INNOCENCE.

Pardonnez-moy.

AIR 10. (*Mon pere, je viens devant vous*)

Mais depuis plus de cinq cens ans
Nous faisons notre résidence
Dans ce séjour.

ARLEQUIN.

Ah ! que de gens

Ont mis à profit votre absence !
Je vous déclare que chez nous
On ne se souvient plus de vous.

La BONNE-FOY.

AIR 4. (*Comme un Coucou que l'amour presse*)

Messieurs, dites-nous des nouvelles,
Principalement de Paris.

ARLEQUIN.

Je vais, charmantes Immortelles,
Vous mettre au fait sur ce païs.

L'INNOCENCE.

AIR 1. (*Réveillez vous, belle Endormie*)

Il étoit fort peu raisonnable
Au tems où nous l'avons quitté.

PIERROT.

Fi-donc ! Il n'est pas connoissable
Tant il est à present gâté.

ARLEQUIN.

AIR 70. (*Va-t'en voir s'ils viennent*)

Le plaisir & l'interêt
Remplissent vos places.

La BONNE-FOY.

Ce sont à l'heure qu'il est
Ses guides ?

ARLEQUIN.

Oui, s'il vous plaît;
L'on passe pour un benêt
Quand on suit vos traces.

L'INNOCENCE.

Air 26. (*Talalerire*)

Comment se gouvernent les femmes?

ARLEQUIN.

En general fort galamment ?
Mais à leurs amoureuses flammes
Elles cedent différemment :
C'est de quoi je vais vous instruire.
Talaleri, talaleri, talalerire.

Air 8. (*Je reviendrai demain au soir*)

Les unes ont en même tems
   bis. Trois ou quatre Galands;
Et celles qui n'ont qu'un Amant,
   bis. Changent à tout moment.

La BONNE-FOY, *à l'Innocence.*

Air 86. (*Pierr' Bagnolet*)

O Ciel! Quelle extrême licence!
Quel rapport on nous fait, ma Sœur!

RENVERSÉ.

L'INNOCENCE, *à Arlequin.*

Ah ! du moins en apparence,
Les femmes ont de la pudeur,
Un air d'honneur,
Un air d'honneur ?

ARLEQUIN.

Oui ; mais c'eſt moins par bienséance,
Que pour r'appeller le buveur.

PIERROT.

Il ne vous ſurfait point.

L'INNOCENCE.

Quelle différence ! On vit ici bien autrement.

AIR 34. (*La jeune Iſabelle*)

Le Bourgeois tranquile,
Bornant ſes déſirs,
Ne va point en Ville
Chercher des plaiſirs :
Sa femme fidelle
Juſqu'à ſon trépas,
D'une ardeur nouvelle
Ne s'enflamme pas.

ARLEQUIN.

Oh ! que ce n'eſt pas de même à Paris !

LE MONDE

PIERROT.

C'est tout le contre-pied.

AIR 33. (*La verte Jeunesse*)

Le Bourgeois volage
Va faire l'amour
Dans son voisinage,
La nuit & le jour.

ARLEQUIN.

Sa femme coquette,
Faisant paroli,
Souvent fait emplette
D'un Vice-mari.

L'INNOCENCE.

AIR 103. (*Jean de Vert*)

Il n'est point ici de méchans ;
Tout vit dans l'innocence.

La BONNEFOY.

Jusqu'aux Fripiers, tous les Marchands
Ont de la conscience.

ARLEQUIN.

Les Fripiers !

Hé, fi ! Vous moquez-vous des gens ?
Ils n'en avoient pas même au tems
De Jean Devert (*3 fois*) en France.

RENVERSÉ. 237
L'INNOCENCE.

Adieu, jeunes Etrangers. Puisque vous êtes dans le Monde Renversé, songez qu'il faut en prendre l'esprit.

La BONNEFOY.

AIR 38. (*Les Feuillantines*)

Vous ne pouvez être mieux
Qu'en ces lieux :
Les jeunes comme les vieux
Y sont simples, bons, sincéres.
(*elles s'en vont.*)

PIERROT.

Nous y ferons nos affaires.

SCENE VII.
ARLEQUIN, PIERROT.

ARLEQUIN,

AIR 52. (*Lon-lan-la, derirette*)

Pour nous conduire sûrement,
Prenons tous deux un air Normand
Lonlanla, derirette,
On en sera la dupe ici,
Lonlanla, deriri.

PIERROT.

Pourquoy non ? On l'est bien à Paris.

SCENE VIII.

ARLEQUIN, PIERROT, M. La CANDEUR, Procureur, en habit galonné, avec un chapeau garni de plumes, & une épée.

PIERROT.

Oh, ho ! Quel homme vient ici ?

ARLEQUIN.

C'est apparemment quelque Colonel.

M. La CANDEUR, *les saluant.*

Messieurs, vous me paroissez Etrangers. Je vous offre mes petits services. Je suis Procureur.

ARLEQUIN.

Vous, Procureur !

PIERROT.

On vous prendroit plutôt pour un Officier de Ville.

M. La CANDEUR.

Je suis, vous dis-je, Procureur, & la Candeur est mon nom.

ARLEQUIN.

Votre nom & votre habit sont fort contradictoires à votre profession.

M. La CANDEUR.

D'où vient cela ?

AIR 69 (*La Ceinture.*)

Mes pareils sont tous sur l'honneur
D'une délicatesse extrême ;
Et qui dit ici Procureur,
Dit l'honneur & la vertu même.

PIERROT.

Peste !

ARLEQUIN.

Cela donne bien du relief à votre Corps.

M. La CANDEUR

Qu'appelez-vous du relief ? Savez-vous bien que pour parvenir à la dignité de Procureur, il faut avoir trois cens ans de Noblesse.

ARLEQUIN.

Comment diable ! on y fait donc bien des façons.

PIERROT.

Etes-vous marié, Monsieur, par parenthése ?

M. La CANDEUR.

Depuis trois ans je suis en possession d'une jeune épouse des plus aimables du Monde Renversé.

ARLEQUIN.

Ne seriez-vous point Cocu, par hazard?

M. La CANDEUR, *étonné.*

Cocu, Monsieur ! Qu'est-ce que c'est qu'un Cocu ?

PIERROT, *surpris.*

En voici bien d'une autre ! Vous n'avez donc point de Clercs ?

M. La CANDEUR.

Pardonnez-moy. J'en ay trois, & deux Pensionnaires.

ARLEQUIN.

Trois Clercs avec deux Pensionnaires, & demander ce que c'est qu'un Cocu ! Il n'y a point chez nous de Procureur si ignorant.

M. La CANDEUR.

LE MONDE

M. la CANDEUR.

Je ne fais ce que c'est, je vous assûre. Apprenez-le-moi, de grace.

ARLEQUIN, en *imbroglio*.

Hé, mais... un Cocu c'est un homme marié... qui... a une femme... qui... se trouvant avec un garçon.. qui.. Que diable, tout le monde vous dira cela.

M. la CANDEUR.

Expliquez-vous plus clairement.

PIERROT.

Oh ! Je vais vous le dire, moy. Un Cocu, Monsieur, est tout le contraire du coq. Le coq a plus d'une poule, & la femme d'un Cocu est une poule qui a plus d'un coq.

M. la CANDEUR.

Ah ! Je vous entends à present ! Un voyageur m'a dit qu'on voyoit ailleurs de ces femmes-là : mais les nôtres ne leur ressemblent point. Nous sommes sûrs d'elles.

AIR 32. (*Du haut en bas*) Rondeau.

  Toujours Amans,
 Sans avoir jamais de querelles,
  Toujours amans,

LE MONDE

Nous les flattons à tous momens.
Qui pourroit les rendre infidelles,
Quand leurs époux sont auprès d'elles
Toujours amans ?

ARLEQUIN.

Je ne m'étonne plus que vos femmes soient si raisonnables.

AIR 39. (*Faire l'amour la nuit & le jour*)

Peut-être qu'à Paris
On n'en verroit point d'autres,
Si Messieurs nos maris
Faisoient comme les vôtres
L'amour
La nuit & le jour.

M. La CANDEUR.

Adieu, Messieurs. Je vous laisse. Je vais avec un de mes confreres accommoder deux parties qui veulent plaider. Voilà M. le Chevalier de Catonville. Si vous êtes curieux d'entretenir un de nos petit-Maîtres, vous pouvez l'aborder.

SCENE IX.

ARLEQUIN, PIERROT, le CHEVALIER de Catonville, *habillé comme un Pedant, excepté qu'il a l'épée, avec un large baudrier sur l'épaule.*

PIERROT.

Est-ce là un Petit-Maître ? Misericorde !

ARLEQUIN.

Il a plutôt l'air d'un pied-plat du païs Latin.

(abordant le Chevalier.)

Serviteur à Monsieur le Chevalier. Comment gouverne-t-il ses amours ?

Le CHEVALIER, *mettant le doigt sur sa bou-*
(che.

A I R 15. (*Je ne suis né ni Roi, ni Prince*)

   Paix. Apprenez à me connoître ;
   Sachez que pour un Petit-Maître
   Répandre un amoureux secret,
   Est le plus grand de tous les crimes.
   Ici Petit-Maître & discret
   Messieurs, sont deux mots synonimes.

ARLEQUIN.

AIR 1. (*Réveillez-vous, belle Endormie*)

En France c'est tout le contraire;
Un Petit-Maître aime à parler;
S'il cherche une galante affaire,
Ce n'est que pour la révéler.

PIERROT.

Avez-vous le gousset bien garni, vous autres?

Le CHEVALIER.

Nous ne manquons jamais d'espéces.

ARLEQUIN.

Mais, ne vous laissez-vous point harceler par vos Créanciers?

Le CHEVALIER.

AIR 70. (*Va-t-en voir s'ils viennent*)

Quand ils ont besoin d'argent,
Nos soins les préviennent.

ARLEQUIN.

Chez nous on est négligent;
On répond même au Sergent:
Va-t en voir s'ils viennent,
Jean,
Va-t-en voir s'ils viennent,

RENVERSÉ.

Quand vous êtes aux Spectacles, comment recevez-vous les Piéces nouvelles?

AIR 14. (*Voulez-vous savoir qui des deux*)

Sans doute, vous jugez d'abord
Les Auteurs en dernier ressort.
Vos pareils chez nous des ouvrages
Sont de téméraires Censeurs.

Le CHEVALIER.

Nous laissons décider les Sages,
Quoique nous soyons connoisseurs.

PIERROT.

Nos pauvres Poëtes n'ont pas ce bonheur-là. Tout le monde se mêle de faire leur procez.

ARLEQUIN.

Ma foi, Monsieur le Chevalier, il ne vous manque plus, pour faire un parfait contraste avec nos Petit-Maîtres, que de haïr les plaisirs de la table.

Le CHEVALIER.

Nous ne les pouvons souffrir, surtout, nous abhorrons le vin.

PIERROT.

Quelquefois les nôtres s'en dégoûtent.

AIR 49. (*Jardinier, ne vois-tu pas*)

Quand le vieux & le nouveau
Ne leur font plus d'envie,
Ils laissent là le tonneau,
Pour aller boire de l'eau
De vie, de vie, de vie.

Le CHEVALIER.

Serviteur, Messieurs. Je vais chez un jeune Seigneur qui m'attend pour me lire un livre de sa façon. C'est un traité *de la vanité des choses mondaines* qu'il va mettre sous la Presse.

(*Il s'en va.*)

SCENE X.

ARLEQUIN, PIERROT, HIPPOCRATINE.

HIPPOCRATINE, *en fourrure de Medecin, arrive en dansant, & en chantant:*

AIR 169. (*Qu'un mari soit poulmonique*)

Qu'un Mortel soit poulmonique,
Léthargique, hydropique, asthmatique,
Qu'il soit tout ce qu'il vous plaira.
Tire, lire, lira, liron-fa, fa, fa,

RENVERSÉ.

Tire, lire, lira, liron-fa.
Fût-il à l'agonie,
Je le r'appelle à la vie.
Oui, je fais ce miracle-là.
Tire, lire, lira, liron-fa, fa, fa.
Tire, lire, lira, liron-fa.

ARLEQUIN & PIERROT, *dansans avec elle.*

Tire, lire, lira &c.

PIERROT.

AIR 7. (*Tu croyois en aimant Colette*)

Vertuchou ! petite Coquine,
Que vous avez l'œil assassin !

HIPPOCRATINE.

Messieurs, jamais je n'assassine ;
Cependant je suis Medecin.

ARLEQUIN.

Vous Medecin !

HIPPOCRATINE.

Je suis Medecin, Chirurgien, Apoticaire & Maréchal à votre service.

PIERROT.

Ah ! Le drôle de païs ! Quoi, les

femmes se mêlent ici de faire les Medecins ?

HIPPOCRATINE.

Beau sujet d'étonnement ! Dans les païs où les hommes exercent la Medecine, les malades en font-ils mieux ?

ARLEQUIN, à Pierrot.

Elle a, ma foi, raison.

PIERROT.

Il est vrai. Le plus habile Docteur avec tout son latin souvent n'est qu'une bête ?

HIPPOCRATINE.

Hé ! C'est justement le grec & le latin qui le rendent ignorant. Si les femmes dans le Monde Renversé sont d'habiles Medecins, c'est qu'elles négligent les livres, & ne consultent que la nature. Aussi tirent-elles d'affaire tous leurs malades. Il faut nous voir travailler.

AIR 12. (*Amis, sans regreter Paris*)

Nous saignons très-legerement.

(*faisant l'action de donner un remede.*)

Nous donnons avec grace,

RENVERSÉ.

Nous purgeons agréablement,
Sans nous servir de casse.

PIERROT.

Oh! A l'égard de çà, nous avons aussi en France des femmes qui savent saigner & purger à merveilles.

ARLEQUIN.

Oui; mais avec cette différence, que les nôtres ne saignent & ne purgent que les gens qui se portent bien.

HIPPOCRATINE.

Quand nous arrivons, par exemple, chez un jeune malade, devinez ce que nous faisons.

ARLEQUIN.

AIR 5. (*Quand le péril est agréable*)

Pour mettre la main à la pâte,
D'abord vous lui tâtez le pouls.

HIPPOCRATINE.

Tout au contraire de chez vous,
C'est lui qui nous le tâte.

PIERROT.

Voilà qui est bien extraordinaire!

LE MONDE

HIPPOCRATINE.

Enfuite.

AIR 170. (*Philis, en cherchant son Amant*)

Nous lui paſſons d'un air fripon
La main pardeſſous le menton;
Et par ce remede innocent,
Auſſi-tôt le Drôle ſe ſent
Convaleſcent.

PIERROT.

Je le crois bien.

HIPPOCRATINE.

Bon ſoir, mes amis. Je ſouhaite que vous deveniez tous deux malades, pour avoir le plaiſir de vous guérir.

ARLEQUIN.

Parbleu, Madame la Medecine, vous m'en donneriez preſque l'envie.

(*Elle s'en va.*)

SCENE XI.

ARLEQUIN, PIERROT, ARGENTINE, DIAMANTINE.

ARGENTINE, *pleurant*.

Hé, hé, hé, hé, hé, hé !

DIAMANTINE, *pleurant aussi.*

AIR 2. (*Quand je tiens de ce jus d'Octobre*)

Hélas ! Que faut-il que je fasse !

ARGENTINE.

Ah ! que je crains pour mon amour !

ARLEQUIN.

Ne pleurez pas si fort de grace ;
Ou je vais pleurer à mon tour.

PIERROT.

Et moi aussi.

Comme les pleurs d'Argentine & de Diamantine redoublent, Arlequin & Pierrot se mettent de la partie, & pleurent comiquement.

ARLEQUIN, *après avoir pleuré.*

AIR 4. (*Comme un Coucou que l'amour presse*)

J'ai fait la chose en conscience,
J'ai versé des pleurs à foison.
Aprenez moi par complaisance
Si j'ai tort, ou si j'ai raison.

DIAMANTINE.

Vous nous aimez ?

ARLEQUIN, *déclamant.*

J'en atteste les Dieux.

PIERROT.

Ce n'est point cela qui vous fait pleurer.

ARGENTINE.

Vos Rivaux furieux vont venir vous disputer le terrain.

ARLEQUIN.

Hoïmé !

DIAMANTINE.

Juste Ciel ! Les voici !

PIERROT, *allarmé*.

Où me mettrai-je ?

SCENE XII.

ARLEQUIN, PIERROT, ARGENTINE, DIAMANTINE, ZULIMA, HANIF.

ZULIMA.

Ah ! vous voilà donc, mes petits Messieurs ! Je vous cherchois.

ARLIQUIN, *à Argentine, en reculant vers (elle.*

Séparez-nous, au moins.

RENVERSÉ.

HANIF.

Par-la-tête! Par-la-mort! Ventrebleu!
Double ventrebleu!

PIERROT, à Hanif qui s'aproche de lui.

Mais, mais, tenez-vous donc. Ce n'est pas moi qui...

ARGENTINE.

Arrêtez, Hanif. Vous allez contre la loy qui défend à un Amant sous peine de la vie de mettre la main sur son Rival.

ARLEQUIN, à Zulima.

Respectez la loy, entendez vous ?

ZULIMA.

Rendez-lui graces tous deux.

HANIF.

Suivons donc la coutume. Que le sort tout-à-l'heure en décide.

PIERROT.

Qu'est-ce à dire, le sort ? Tire-t-on ici les femmes à la courte-paille ?

ZULIMA.

Non; mais on les jouë aux dez.

ARLEQUIN.

En trois raffles comptées ?

ZULIMA.

Au passe-dix.

PIERROT.

On jouë donc ici une femme comme une marchandise de la Foire ?

HANIF.

On jouë en présence d'un Notaire qui en dresse un acte.

DIAMANTINE.

Oui ; mais il faut passer dix : sans cela, ni les uns, ni les autres ne peuvent nous avoir.

ARGENTINE.

C'est la loy. Les deux qui ameneront davantage seront nos Epoux.

ZULIMA.

J'ai déjà fait avertir le Notaire. Il va se rendre ici.

PIERROT, *à Diamantine.*

Je vais tâcher de passer dix.

DIAMANTINE, *le flatant.*

Je vous en prie.

ARGENTINE, *à Arlequin.*

Allons, mon ami, un bon coup de cornet.

ARLEQUIN, *à Argentine.*

Attendez. Pour être plus sûr de mon fait, je vais chercher des dez pipez.

PIERROT.

Et moi tout de même.

DIAMANTINE, *à Pierrot.*

Oh! point de tricherie.

ARGENTINE, *à Arlequin.*

Non. Il faut jouer naturellement.

SCENE XIII.

Les ACTEURS de la Scene précedente.
M. PRUD'HOMME Notaire.

Le Notaire a une robbe blanche, un rabat de toile noire, & un chapeau blanc. Il apporte une petite table pliante, un cornet, des dez, une écritoire & du papier.

HANIF.

Voici le Notaire.

ZULIMA.

Allons, M. Prud'homme. Mettez-vous en état.

M. PRUD'HOMME, *montrant Argentine & (Diamantine.*

Sont-ce là les deux Dames en litige ?

HANIF.

Oui. Et vous voyez les quatre Concurrens.

M. PRUD'HOMME.

Voici l'Acte tout dreſſé.

(*il lit :*)

En preſence de moi Notaire ſoûſigné au païs du Monde Renverſé, & cætera. Sont comparus d'une part Meſſires Hanif & Zulima, tous deux Regnicoles ; & de l'autre...

(*à Arlequin & Pierrot.*)

Vos noms & vos qualitez.

ARLEQUIN.

Arlequin, Chevalier de la Parade,

RENVERSÉ.

PIERROT.

Pierrot, Sieur de la Foire & autres lieux.

M. PRUD'HOMME, *continuant de lire après*
(avoir écrit.

Etrangers, & cætera. Lesquels quatre susdits Seigneurs prétendans à la possession matrimoniale des Damoiselles Argentine & Diamantine filles non-usantes de leurs droits dans le Monde Renversé, & cætera. Lesquels Prétendans ci-dessus mentionnez, ont pris tour à tour le cornet & les dez, ont tiré leur coup, & le sort est tombé, savoir .. en blanc, & cætera. En foy de quoy ils ont tous conjointement signé avec moy Blaise Prud'homme Notaire, & cætera.

PIERROT.

Ça, Arlequin. Nous n'avons qu'à amener dix & cætera, & nous gagnerons.

M. PRUD'HOMME, *à Arlequin.*

Voilà le cornet & les dez : Jouez. Aprés cela, je rempliray les blancs de mon acte.

ARLEQUIN, *prenant le cornet.*

Allons. Commençons le branle.

(il jette les dez, & amene trois.)

LE MONDE

M. PRUD'HOMME.

Trois.

HANIF & ZULIMA, *riant.*

Ha, ha, ha, ha, ha !

ARLEQUIN, *d'un air piteux.*

Que trois ! Hoïmé ! Je ne suis pas heureux à ce jeu-là.

ARGENTINE, *soûpirant.*

Quel malheur !

PIERROT.

A moy le dé. Donnez-moy un peu le cornet.

DIAMANTINE, *à Pierrot.*

Courage mon ami.

PIERROT, *aprés avoir bien frappé la table du (cornet.*

Si je ne gagne pas, ce ne sera pas faute d'avoir bien secoué le cornet.

(*il amene dix.*)

M. PRUD'HOMME

Dix.

PIERROT, *transporté de joye.*

J'ay gagné.

RENVERSÉ.

ZULIMA.
Fi donc !

HANIF.
Vous n'avez pas même passé dix.

ARLEQUIN.
AIR 143. (*Ah ! vraiment, je m'y connois bien*)

    Hélas ! mon malheur est extrême !
Je vais donc perdre ce que j'aime.
Amener trois ! Ah ! c'est bien peu.

PIERROT.
Dix ! Peut-on perdre à si beau jeu ?

ZULIMA, *prenant le cornet.*
Voyons si je seray plus heureux.

    (*il amene quinze.*)

M. PRUD'HOMME.
Quinze.

ARLEQUIN.
Cela ne se peut pas.

M. PRUD'HOMME.
Hé, parbleu ! vous n'avez qu'à regarder les dez, ils sont encore sur la table.

HANIF, *prenant le cornet.*
A moy presentement.

    (*il amene dix huit.*)

LE MONDE

M PRUD'HOMME.

Dix-huit.

PIERROT, étonné.

Quel casseur de raquettes !

ZULIMA, à Argentine.

Aimable Argentine, le sort favorise mes vœux.

ARGENTINE, soupirant.

O Ciel !

HANIF, à Diamantine.

Vous êtes à moy, belle Diamantine.

DIAMANTINE, soupirant.

Haï !

ARGENTINE, regardant tendrement Arlequin.

AIR 63. (Ramonez-ci, ramonez-la)

Hélas ! Tu perds Argentine !

DIAMANTINE, à Pierrot.

Tu perds ta Diamantine !

ARLEQUIN & PIERROT.

Nous comptions sur vos appas.
Ramonez-ci ramonez-la,
La, la, la.
La cheminée du haut en bas,

RENVERSÉ. 161

Arlequin, Pierrot, Argentine & Diamantine pleurent tous quatre.

ZULIMA.

Suivez-nous les belles.

L'Orchestre jouë en cet endroit un air brusque qui annonce l'arrivée de Merlin.

ARGENTINE.

AIR 57. (*Bouchez, Naïades, vos fontaines*)

Quels sons bruyans se font entendre ?

DIAMANTINE.

Notre oncle Merlin va descendre.

ARLEQUIN.

O Ciel ! Les Niéces de Merlin !

PIERROT, *transporté de joye.*

Arlequin, c'est notre bon Maître.

ARLEQUIN.

Il va changer notre destin,

(*à Hanif & à Zulima.*)

Et vous envoyer tous deux paître.

SCENE XIV.

Les ACTEURS de la Scene précedente.
MERLIN *dans les airs sur son char tiré par deux Griffons.*

MERLIN.

AIR 14. (*Voulez-vous savoir qui des deux*)

Mes Niéces, calmez vos douleurs.
Je veux pour essuyer vos pleurs,
Et reconnoître le service

(*montrant Arlequin & Pierrot.*)

De ces deux fidelles Valets,
Qu'avec eux l'hymen vous unisse,
Et comble vos tendres souhaits.

ZULIMA.

AIR 11. (*On n'aime point dans nos forêts*)

Mais quoi, Seigneur, c'est donc envain
Que pour nous le sort favorable...

MERLIN.

Ce sort à votre Souverain
Aujourd'hui n'est point agréable.

HANIF, *s'humiliant.*

Seigneur, vous pouvez tout changer.

RENVERSÉ.

MERLIN.

Je saurai vous dédommager.

Allez. Retirez-vous.

Zulima & Hanif font une profonde reverence au Prophete, & s'en vont.

PIERROT.

Ma foi, les voilà tondus.

SCENE XV.

MERLIN, ARLEQUIN, PIERROT, ARGENTINE, DIAMANTINE.

ARLEQUIN, *à Merlin, se brouillant.*

En verité, grand Merlin... effectivement... vos Niéces..... assurémen méritoient...

PIERROT.

Enfin vous êtes trop obligeant, & nous vous sommes obligez de l'obligation...

MERLIN, *les interrompant.*

AIR 10. (*Mon pere, je viens devant vous*)

Ce n'est pas tout. Enfans, je veux,

Par le pouvoir de ma baguette,
Vous rendre honnêtes-gens tous deux,
Pour vivre dans cette retraite.
De dol, de malice paîtris,
Vous pourriez m'en faire un Paris.

(*frappant de sa baguette Arlequin & Pierrot.*)

AIR 56. (*Pour passer doucement la vie*)

Sortez promptement de leurs ames,
Esprit affreux d'iniquité,
Désirs gloutons, vices infâmes ;
Faites place à la probité.

A chaque parole du Prophete, Arlequin & Pierrot font comme s'ils sentoient en eux quelque changement. Ce qu'ils marquent l'un & l'autre par des exclamations.

PIERROT.

AIR 12. (*Amis, sans regreter Paris*)

Je sens que l'honneur comme un dard
Vient d'entrer dans ma panse.

ARLEQUIN.

Et moi, déjà d'un franc Picard
Je me sens l'innocence.

MERLIN.

AIR 28. (*Pour faire honneur à la noce*)

Venez dans cette journée,
Peuple,

RENVERSÉ.

Peuple, qui vivez sous mes loix.
Venez, accourez à ma voix,
Pour célébrer cet hymenée.
Venez dans cette journée,
Peuple, qui vivez sous mes loix.

(*Merlin disparoit avec son char.*)

ARLEQUIN.

Eh! où allez-vous donc, mon Oncle?
Ne voulez-vous pas être de la noce?

ARGENTINE.

Il reviendra ce soir. Divertissons-nous.

DIAMANTINE.

AIR 9. (*Quel plaisir de voir Claudine*)

Marquez votre obéïssance;
Peuple, soyez empressé.
Faites voir comme l'on danse
Dans le Monde Renversé.

SCENE XVI.
& derniere.

ARLEQUIN, PIERROT, ARGENTINE, DIAMANTINE, TROUPE d'Habitans du Monde Renversé.

Le Balet commence par quatre Danseurs qui dansent sur les mains.

Tome III.   M

ARGENTINE, *après cette danse, leur dit :*

Enfans, c'est assez. Que l'on danse présentement dans un goût Etranger, à la Françoise.

Quatre Danseurs & quatre Danseuses habillez singulièrement firment une danse, après laquelle se chantent les couplets suivans.

BRANLE.

Premier couplet.

ARGENTINE.

AIR 210. (*De Monsieur Gillier.*)

Qu'un Petit-Maître amoureux
Fasse tout pour être heureux,
C'est le monde à l'ordinaire ;
Mais qu'il fasse l'empressé,
Après qu'il a sû nous plaire,
C'est le monde renversé.

Second couplet.

ARLEQUIN.

Qu'une Coquette à trente ans
N'ait que cinq ou six Amans,
C'est son monde à l'ordinaire ;
Mais que d'un seul trait blessé

RENVERSÉ.

Son cœur n'ait qu'un Locataire,
C'est le monde renversé.

Troisiéme couplet.

DIAMANTINE.

Que certain Petit-colet
En Public soit fort discret,
C'est le monde à l'ordinaire ;
Mais qu'il ait son air pincé
En secret chez sa Lingere,
C'est le monde renversé.

Quatriéme couplet.

ARLEQUIN.

Que le Cothurne jaloux
Blâme ce qu'on fait chez nous,
C'est le monde à l'ordinaire ;
Mais que par l'honneur poussé,
Il s'efforce de mieux faire,
C'est le monde renversé.

FIN.

www.ingramcontent.com/pod-product-compliance
Lightning Source LLC
LaVergne TN
LVHW022115080426
835511LV00007B/833